GÜTERSLOHER
VERLAGSHAUS

Gütersloher Verlagshaus. Dem Leben vertrauen

Dr. Harald Schützeichel,

geb. 1960, Theologe, Philosoph und Musikwissenschaftler. Promotion über Albert Schweitzer, zahlreiche wissenschaftliche Publikationen, Lehrbeauftragter an der Universität Freiburg i. Br. für Management und Unternehmensethik, Gründer und Vorstand der „Stiftung Solarenergie", die sich in Entwicklungsländern der Armutsbekämpfung widmet.

Albert Schweitzer
Damit das Leben Zukunft hat

Herausgegeben von Harald Schützeichel

Gütersloher Verlagshaus

Vorwort

Die großen Vorbilder der Menschheit besitzen ihre prägende Kraft durch ihr beispielhaftes Handeln. Dieses Handeln beschränkte sich oft auf einen überschaubaren Lebensbereich oder ein einziges Lebensthema – sei es bei Mutter Teresa, Benedikt von Nursia, Mahatma Gandhi oder eben auch Albert Schweitzer.

Schweitzers beispielhaftes Wirken als Arzt im Urwald von Lambarene ist Vorbild bis heute. Die vorliegende Textauswahl gibt einen Einblick in das Denken Schweitzers und soll zugleich Ermunterung sein, Schweitzers Aufforderung an jeden von uns nachzukommen, »sein eigenes Lambarene« zu finden: jenen Lebensbereich, in dem man einfach wirkt, als Mensch für Menschen. Damit das Leben Zukunft hat.

Harald Schützeichel

Biografie

Albert Schweitzer wurde 1875 als Sohn eines elsässischen Pfarrers in Kaysersberg geboren. Seine Kindheit verbrachte er in Günsbach bei Colmar, wohin sein Vater kurz nach Schweitzers Geburt versetzt worden war.

Kindheit und Jugend im damals deutschen, aber doch auch der französischen Kultur nahestehenden Elsass brachten es mit sich, dass Schweitzer von beiden Kulturen geprägt wurde. Straßburg, Paris und Berlin sind daher auch folgerichtig die Orte, an denen er studierte: Theologie, Philosophie und Musik.

In der Zeit bis 1913 machte Schweitzer dann in doppelter Weise Karriere: Einerseits theologisch tätig als Privatdozent an der Universität Straßburg, Autor theologischer Standardwerke und als Vikar an St. Nicolai in Straßburg, andererseits gefeiert als internationaler Konzertorganist, Autor und Orgelbausachverständiger.

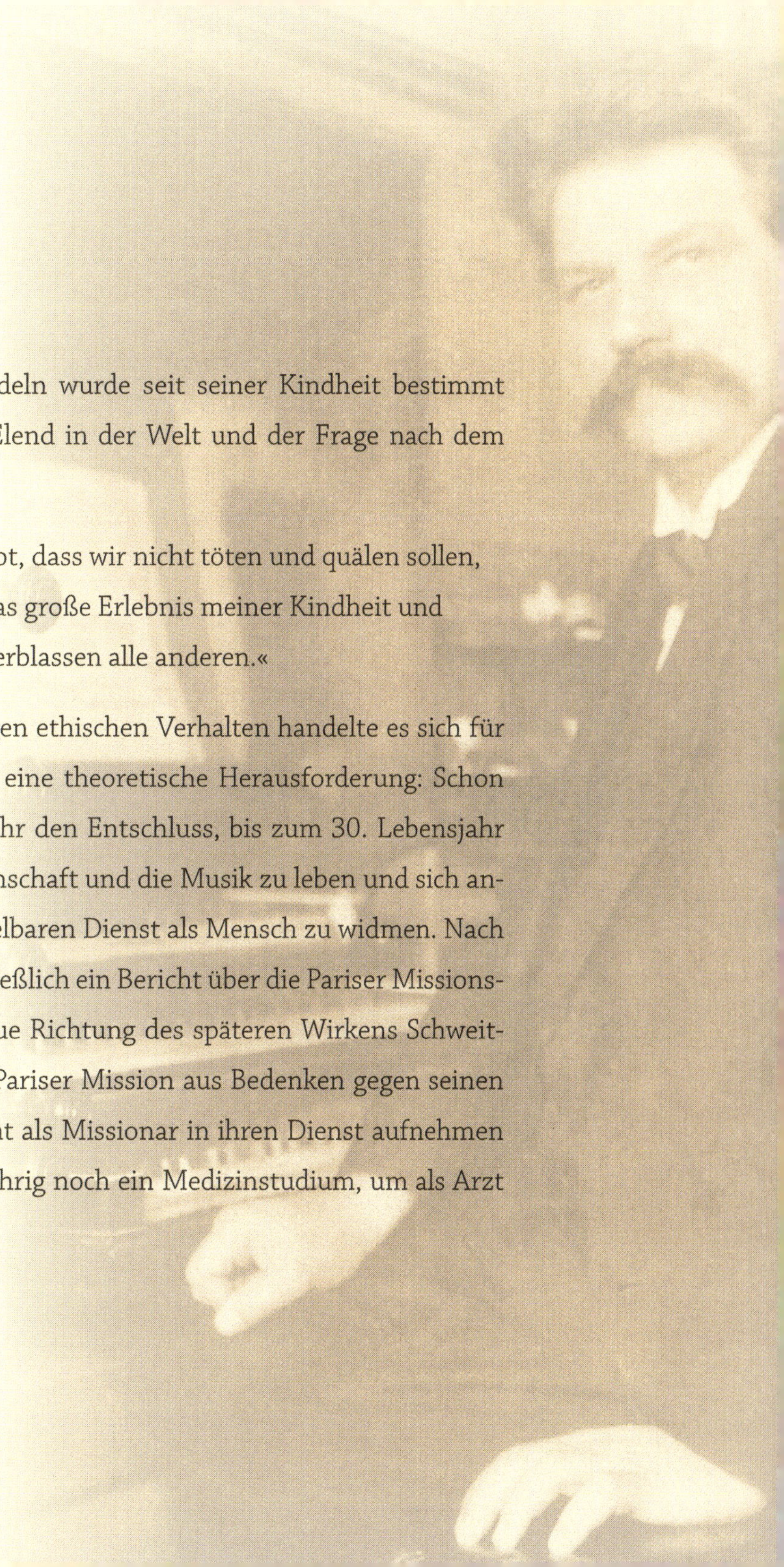

Lambarene

Schweitzers Denken und Handeln wurde seit seiner Kindheit bestimmt durch das Leiden unter dem Elend in der Welt und der Frage nach dem Recht auf Glück:

> »Die Art, wie das Gebot, dass wir nicht töten und quälen sollen, an mir arbeitete, ist das große Erlebnis meiner Kindheit und Jugend. Neben ihm verblassen alle anderen.«

Bei der Suche nach dem richtigen ethischen Verhalten handelte es sich für Schweitzer aber nicht nur um eine theoretische Herausforderung: Schon mit 21 Jahren fasste er vielmehr den Entschluss, bis zum 30. Lebensjahr für das Predigeramt, die Wissenschaft und die Musik zu leben und sich anschließend ganz einem unmittelbaren Dienst als Mensch zu widmen. Nach mehreren Versuchen ist es schließlich ein Bericht über die Pariser Missionsgesellschaft, der über die genaue Richtung des späteren Wirkens Schweitzers entscheidet. Weil ihn die Pariser Mission aus Bedenken gegen seinen theologischen Standpunkt nicht als Missionar in ihren Dienst aufnehmen wollte, begann Schweitzer 30jährig noch ein Medizinstudium, um als Arzt in die Tropen zu gehen.

Am Karfreitag 1913 reiste Schweitzer erstmals nach Gabun, wo er in Lambarene sein später so berühmtes Urwaldspital aufbaute. In den folgenden Jahrzehnten wurde sein Leben geprägt einerseits von längeren Aufenthalten in Europa, in denen er durch Orgelkonzerte und Vorträge Geld für sein Spital sammelte, andererseits von seinem Einsatz in Lambarene. Hier, im Urwald von Lambarene entwickelte er auch seine Ethik von der »Ehrfurcht vor dem Leben«.

Gefeiert und kritisiert

Nach den Schrecken des Zweiten Weltkrieges wurde Schweitzer in Europa und den USA zu einer moralischen Autorität. Seine Ethik der Ehrfurcht vor dem Leben fand zunehmend Anerkennung und Verbreitung. Als Konsequenz dieser weltweiten Popularität häuften sich die Ehrungen und Orden für den »Urwalddoktor«, deren bedeutendste wohl der 1953 verliehene Friedensnobelpreis gewesen sein dürfte.

Schweitzers Integrität wurde jedoch in Frage gestellt, als er sich ab 1958 in der Frage der Atomwaffen engagierte: Mitten im Kalten Krieg warnte er in Rundfunkansprachen und Briefen vor den unabsehbaren Folgen eines Atomkrieges und wurde damit für viele zum politischen Ärgernis.

1965 starb Schweitzer im Alter von 90 Jahren in Lambarene, wo er auch begraben ist.

Was bleibt, ist seine Mahnung, dass wir aus dem Schlaf erwachen und unsere Verantwortung für das Leben auf dieser Erde wahrnehmen müssen.

Reife

Der Ausdruck »reif« auf den Menschen angewandt, war mir und ist mir noch immer etwas Unheimliches. Ich höre dabei die Worte Verarmung, Verkümmerung, Abstumpfung als Dissonanzen miterklingen. Was wir gewöhnlich als Reife an einem Menschen zu sehen bekommen, ist eine resignierte Vernünftigkeit. Einer erwirbt sie sich nach dem Vorbilde anderer, indem er Stück um Stück die Gedanken und Überzeugungen preisgibt, die ihm in seiner Jugend teuer waren. Er glaubte an den Sieg der Wahrheit; jetzt nicht mehr. Er glaubte an die Menschen; jetzt nicht mehr. Er glaubte an das Gute; jetzt nicht mehr. Er eiferte für Gerechtigkeit; jetzt nicht mehr. Er vertraute in die Macht der Gütigkeit und Friedfertigkeit; jetzt nicht mehr. Er konnte sich begeistern; jetzt nicht mehr. Um besser durch die Fährnisse und Stürme des Lebens zu schiffen, hat er sein Boot erleichtert. Er warf Güter aus, die er für entbehrlich hielt. Aber es war der Mundvorrat und der Wasservorrat, dessen er sich entledigte. Nun schifft er leichter dahin, aber als verschmachtender Mensch.

Unsere Kindheit ist das Vorspiel zu unserem Leben, in dem eine große Melodie sich als Thema ankündigt. Weil wir alles noch traumhaft erleben, haben wir den Dingen gegenüber eine Unmittelbarkeit, Freiheit und Reinheit, die uns wie ein traumhaftes Erlebnis zurückbleibt und wie eine Melodie in uns weiterzittert. Und wenn dann das Leben kommt, und wir es nicht mehr traumhaft, sondern wirklich erleben und uns mit ihm auseinandersetzen müssen und die Motive fremd auf uns eindringen, dann soll diese Melodie nicht langsam verklingen, sondern wachsen und wachsen, wie in einer großen Symphonie die andern Motive unter sich zwingen und zuletzt sich in ihrem ganzen Reichtum entfalten und in ihrer gewaltigen Größe dastehen, weil sie sich mit allen Motiven auseinandergesetzt hat, und sie in Harmonie zu sich gebracht hat.

Herzlichkeit

Viel Kälte ist unter den Menschen, weil wir nicht wagen,
uns so herzlich zu geben, wie wir sind.

Das Gesetz der Zurückhaltung ist bestimmt,
durch das Recht der Herzlichkeit durchbrochen zu werden.

Denken und Handeln

So sehr mich das Problem des Elends in der Welt beschäftigte, so verlor ich mich doch nie in Grübeln darüber, sondern hielt mich an den Gedanken, dass es jedem von uns verliehen sei, etwas von diesem Elend zum Aufhören zu bringen.

Keiner darf die Augen schließen und das Leiden, dessen Anblick er sich erspart, als nicht geschehen ansehen.

Gutes tun

Ihr seid draußen in der Natur gewesen; vielleicht in der gewaltigsten Gebirgswelt. Euer Blick wurde angezogen durch einen Baum. Er hatte nichts Absonderliches, aber er bestimmte die ganze Landschaft für euch. Das andere ist in der Vergessenheit gesunken. Der Baum aber steht noch immer in eurer Erinnerung. So ist's in der Welt. Nicht die großen Ereignisse machen die Geschichte, sondern das vereinzelte Tun zerstreuter Menschen, durch die Art, wie es auf die anderen wirkt und durch den Geist, der davon ausgeht, bestimmt das Geschehen. Darum glaube ich fest, dass nichts von dem verloren ist, was aus dem Wollen und der Begeisterung des Guten von dir getan ist, auch wenn du es nicht siehst und annehmen musst, es sei vergeblich gewesen.

Wer sich vornimmt, Gutes zu wirken, darf nicht erwarten, dass die Menschen ihm deswegen Steine aus dem Wege räumen, sondern muss auf das Schicksalhafte gefasst sein, dass sie ihm welche darauf rollen.

Dankbarkeit

Für uns alle besteht eine große Versuchung darin, dass das Gute, das wir tun, zur Schlinge wird, mit der wir einen anderen Menschen einfangen. »Weißt du denn nicht mehr, was ich für dich getan habe«, werfen wir ihm vor, wenn er einmal nicht unserer Meinung ist oder nicht tun will, was wir von ihm verlangen. So schleifen wir ihn am Lasso der Dankbarkeit hinter uns her, bis er nicht mehr kann.

Verschiebe die Dankbarkeit nie.

Glaube

Viele Menschen müssen durch diesen innerlichen Bankrott hindurch, sie müssen erfahren, dass das, was sie für ihren Glauben halten, gar kein wirklicher innerlicher Glaube ist, sondern dass sie sich ihren Glauben erst erringen und erbeten müssen; sie müssen innerlich arm werden, damit sie erst sehen, was für ein Reichtum der Glaube ist, der ihnen eine Gewohnheitssache war. Wer diese geistige Armut empfindet, der ist nicht verloren, wenn er auch schwer ringen muss, wenn er auch für den Augenblick durch das dunkle Tal der Verzweiflung hindurch muss.

Das ist ein Trost für uns alle, dass die letzte Autorität des Glaubens nur der Geist Jesu ist, nicht der einer Kirchenbehörde, eines Kirchenbekenntnisses, eines ehrwürdigen Dogmas oder eines Spruches, den man aus dem Neuen Testament herausgreift, sondern nur der Geist Jesu.

Mensch für Menschen sein

Die Affinität zum Nebenmenschen geht uns verloren. Damit sind wir auf dem Wege zur Inhumanität. Wo das Bewusstsein schwindet, dass jeder Mensch uns als Mensch etwas angeht, kommen Kultur und Ethik ins Wanken. Das Fortschreiten zur entwickelten Inhumanität ist dann nur noch eine Frage der Zeit.

Für den, der die Augen in unserer Welt aufmacht, ist es eine erschreckende Tatsache, wie der Beruf die Menschen aufzehrt. Wir reden nicht von denen, die moralisch an diesem Vorwärtskommen zu Grunde gehen, sondern von denen, denen sonst nichts vorzuwerfen ist, als dass sie keine Menschen sind, sondern nur Beamter, nur Kaufmann, nur Ingenieur, nur Arbeiter, nur Professor, nur Lehrer, nur Pfarrer, der aber keine Resonanz mehr bietet, sobald die rein menschliche Seite angeschlagen wird. Sie können Gaben und Unterstützung geben und tun es gern, als etwas Selbstverständliches. Aber wenn man nun etwas von ihnen verlangt, was nur der Mensch leisten kann: Verständnis, Mitahnen, Mitfühlen, Begeisterung, Trösten, Ermutigen, Mitgehen um eines Menschen oder einer Sache willen, sich hinwegsetzen über falsche Vorurteile, Entgegenhandeln von Meinung und Gewohnheit, sich aufopfern, kurz all das Unaussprechliche, was in der Pflicht des Menschen zum Menschen, der Hilfe des Menschen zu Menschen, der Verantwortung des Menschen zum Menschen liegt, verzagen sie; nicht aus bösem Willen, nein: Sie können nicht leisten, sie sind erschöpfte elektrische Batterien, das Menschheitstum in ihnen, aus dem all jenes fließt, ist aufgezehrt durch die Arbeit, durch das Amt, durch das Vorwärtskommen, durch die Not und Sorge des Lebens. Es verbindet sie kein lebendiges inneres Band mehr mit der Menschheit, sie wissen nicht mehr, was es heißt: Menschen Mensch zu sein.

Moralische Konflikte

Dem wahrhaft ethischen Menschen ist alles Leben heilig, auch das, das uns vom Menschenstandpunkt aus als tiefer stehend vorkommt. Unterschiede macht er nur von Fall zu Fall und unter dem Zwange der Notwendigkeit, wenn er nämlich in die Lage kommt, entscheiden zu müssen, welches Leben er zur Erhaltung des anderen zu opfern hat. Bei diesem Entscheiden von Fall zu Fall ist er sich bewusst, subjektiv und willkürlich zu verfahren und die Verantwortung für das geopferte Leben zu tragen zu haben.

Man hat mir vier junge arme Pelikane gebracht, denen gefühllose Menschen die Flügel übel beschnitten haben, so dass sie nicht fliegen können. Nun wird es zwei bis drei Monate dauern, bis ihnen die Flügel nachgewachsen sind und sie in der Freiheit existieren können. Ich habe einen Fischer angestellt, der die nötigen Fische zu ihrer Ernährung fängt. Jedesmal tun mir die armen Fische in der Seele weh. Aber ich habe nur die Wahl, entweder die vier Pelikane zu töten, die dem Hungertode ausgeliefert wären oder die Fische. Ob ich recht tue, mich für dies statt für das andere zu entscheiden, weiß ich nicht.

Die Kraft des Geistigen

Trunken von den Fortschritten des Wissens und Könnens, die über unsere Zeit hereinbrachen, vergaßen wir, uns um den Fortschritt in der Geistigkeit der Menschen zu sorgen.

Je mehr man im Leben vorwärts kommt, desto mehr versteht man, wie die wahre Kraft und das wahre Glück uns von denjenigen Menschen herkommen, die uns geistig etwas sind. Ob sie nah oder fern sind, ob sie noch leben oder gestorben sind, wir brauchen sie, um den Weg durchs Leben zu finden und das Gute, das wir in uns tragen, das wird erst durch ihre geistige Nähe Leben und Tätigkeit.

Humanität

Geistige Macht haben wir nur, wenn die Menschen uns anmerken, dass wir nicht kalt nach ein für allemal festgelegten Prinzipien entscheiden, sondern in jedem einzelnen Falle um unsere Humanität kämpfen.

Das große Geheimnis ist, als unverbrauchter Mensch durchs Leben zu gehen. Solches vermag, wer nicht mit den Menschen und Tatsachen rechnet, sondern in allen Erlebnissen auf sich selbst zurückgeworfen wird und den letzten Grund der Dinge in sich sucht.

Lebensziel

Die Frage, was wir aus unserem Leben machen sollen, ist nicht damit gelöst, dass man uns mit Tätigkeitsdrang in die Welt hinausjagt und uns nicht mehr zur Besinnung kommen lässt. Wirklich beantwortet werden kann sie nur durch eine Welt- und Lebensanschauung, die den Menschen in ein geistiges, innerliches Verhältnis zum Sein bringt, aus dem sich leidende und tätige Ethik mit Naturnotwendigkeit ergeben.

Ich ging in den Spätsommertagen auf einer dieser wunderbaren Straßen Lothringens, wo man bis ins Unendliche sieht, wo eine Hügelkette sich über der andern aufbaut; in der Richtung, in der ich ging, ging die Sonne unter, alles überstrahlend, so dass die Bäume auf den fernen Hügeln aufflammten, als wären sie im Feuer, und man die Helligkeit um sich selber herum spürte. Da wurde mir ganz wundersam zu Mute; das Ganze kam mir vor wie ein Gleichnis für unser Leben, dass wir in der inneren Treue mit uns selbst, dass wir im inneren Zusammenhang mit dem unfassbar Unendlichen im Leben der Sonne entgegengehen, bis die irdische Sonne für uns untergeht: Vom Licht umflossen mehr und mehr bis zum letzten Augenblick - mag dann die äußere Sonne auch für uns untergehen!

Glück

Immer klarer wurde mir, dass ich nicht das innerliche Recht habe, meine glückliche Jugend, meine Gesundheit und meine Arbeitskraft als etwas Selbstverständliches hinzunehmen. Aus dem tiefsten Glücksgefühl erwuchs mir nach und nach das Verständnis für das Wort Jesu, dass wir unser Leben nicht für uns behalten dürfen. Wer viel Schönes im Leben erhalten hat, muss entsprechend viel dafür hingeben. Wer von eigenem Leid verschont ist, hat sich berufen zu fühlen zu helfen, das Leid der anderen zu lindern. Alle müssen wir an der Last von Weh, die auf der Welt liegt, mittragen.

Als Kind hat jeder Mensch ein Sehnen nach einem großen Glück, das ihm das Leben bringen soll. Und nachher verlieren es die meisten Menschen, weil sie ihr Sehnen auf kleine Erfolge und Eitelkeiten einstellen und lassen sich einreden, das große Glück, nach dem sie sich sehnten, sei eben nur ein Kindertraum gewesen, statt dass sie sich sagen, ich will es finden, nicht so, wie ich es mir als Kind gedacht, aber dennoch finden so, wie es sein muss. [...] Das »Sein wie ein Kind« hat also mit dem äußeren Sichgeben nichts zu tun, sondern es ist ganz allgemein gesagt, eine Einfachheit und Ursprünglichkeit des Denkens, Empfindens und Wollens, die wir uns wahren und immer wieder erwerben müssen, um nicht durch das, was von außen auf uns wirkt, irre zu werden.

Freiheit

Materielle und geistige Freiheit gehören innerlich zusammen. Die Kultur setzt Freie voraus. Nur von diesen kann sie gedacht und verwirklicht werden.
Bei dem modernen Menschen aber ist sowohl die Freiheit als auch die Denkfähigkeit herabgesetzt.

Ohne uns über die Welt und über unser Leben ins Klare kommen zu lassen, jagt uns der Geist unserer Zeit ins Wirken hinaus. Unablässig nimmt er uns für diese und jene Ziele und für diese und jene Errungenschaften in Dienst. Er erhält uns im Tätigkeitstaumel, damit wir ja nicht zur Selbstbesinnung kommen und uns fragen, was dieses rastlose Hingeben an Ziele und Errungenschaften eigentlich mit dem Sinn der Welt und dem Sinn unseres Lebens zu tun habe.

Mit dem Herzen sehen

Der Ungelehrte, der angesichts eines blühenden Baumes von dem Geheimnis des um ihn herum sich regenden Willens zum Leben ergriffen ist, ist wissender als der Gelehrte, der tausend Gestaltungen des Willens zum Leben unter dem Mikroskop oder im physikalischen und chemischen Geschehen studiert, aber bei aller Kenntnis von dem Ablauf der Erscheinungen des Willens zum Leben dennoch nicht von dem Geheimnis bewegt ist, dass alles, was ist, Wille zum Leben ist, sondern in der Eitelkeit aufgeht, ein Stückchen Ablauf von Leben genau beschreiben zu können.

Wehe denen, die im täglichen Leben zu viel Herz haben«, sagt man gewöhnlich. Gewiss, sie haben es nicht leicht, und sie können oft ihren Vorteil nicht in Unbefangenheit verfolgen, wo ein anderer es tun kann. Sie haben nicht diese Sicherheit und Zielbewusstheit des Auftretens, die zum Gelingen gehört. Aber sie kennen ein Glück, das den anderen immer verborgen bleiben wird, und sie haben eine tiefere Erkenntnis des Lebens und der Wahrheit. Ihre Seele und ihr Herz haben an ihrem Leben teil, und es geht Liebe von ihnen aus.

Ehrfurcht vor dem Leben

Die elementare, uns in jedem Augenblick unseres Daseins zum Bewusstsein kommende Tatsache ist: Ich bin Leben, das leben will, inmitten von Leben, das leben will. Das Geheimnisvolle meines Willens zum Leben ist, dass ich mich genötigt fühle, mich gegen allen Willen zum Leben, der neben dem meinen im Dasein ist, teilnahmsvoll zu verhalten. Das Wesen des Guten ist: Leben erhalten, Leben fördern, Leben auf seinen höchsten Wert bringen. Das Wesen des Bösen ist: Leben vernichten, Leben schädigen, Leben in seiner Entwicklung hemmen.

Wahrhaft ethisch ist der Mensch nur, wenn er der Nötigung gehorcht, allem Leben, dem er beistehen kann, zu helfen, und sich scheut, irgend etwas Lebendigem Schaden zu tun. Er fragt nicht, inwiefern dieses oder jenes Leben als wertvoll Anteilnahme verdient, und auch nicht, ob und inwieweit es noch empfindungsfähig ist. Das Leben als solches ist ihm heilig. Er reißt kein Blatt vom Baume ab, bricht keine Blume und hat Acht, dass er kein Insekt zertritt.

Verantwortung für alles Lebendige

Du gehst auf einem Waldpfad; die Sonne scheint in hellen Flecken durch die Wipfel hindurch; die Vögel singen; tausend Insekten summen froh in der Luft. Aber dein Weg, ohne dass du etwas dafür kannst, ist Tod. Da quält sich eine Ameise, die du zertreten, dort ein Käferchen, das du zerquetscht, dort windet sich ein Wurm, über den dein Fuß gegangen. In das herrliche Lied vom Leben klingt die Melodie von dem Weh und Tod, die von dir, dem unschuldig Schuldigen kommen, hinein. Und so fühlst du in allem, was du Gutes tun willst, die furchtbare Ohnmacht, zu helfen wie du wolltest.

Ethik ist ins Grenzenlose erweiterte
Verantwortung gegen alles, was lebt.

Gedankenlosigkeit

Das Wichtige ist, dass wir alle recht nachdenklich werden über die Frage, wann Schädigen und Töten statthaben darf. Die meisten Menschen kennen diese Frage ja noch nicht recht. Sie stehen noch auf dem Standpunkt, der gedankenloses Schädigen und Töten gutheißt und Freude am Sport des Tötens (Jagd, Fischen, ohne es berufsmäßig zu müssen) gutheißt. In mein Spital kamen Leute, die unterwegs auf dem Fluss, aus Sport nach allem Getier, das sie sahen, schossen: nach dem Pelikan (der zurzeit seine drei Jungen ernähren muss), nach dem Kaiman, der auf einem ins Wasser hinausragenden Ast schläft, auf den Affen, der auf ein Boot schaut.

Diese suche ich alle zum Nachdenken zu bringen. Wie viel wird schon erreicht sein, wenn die Menschen anfangen, nachdenklich zu werden und zur weisen Einsicht kommen, dass sie nur, wo die Not es gebietet, schädigen und töten dürfen.

Einst galt es als eine Torheit, anzunehmen, dass die farbigen Menschen wahrhaft Menschen seien und menschlich behandelt werden müssten. Die Torheit ist zur Wahrheit geworden. Heute gilt es als übertrieben, die stete Rücksichtnahme auf alles Lebendige bis zu seinen niedersten Erscheinungen herab als Forderung einer vernunftgemäßen Ethik auszugeben. Es kommt aber die Zeit, wo man staunen wird, dass die Menschheit so lange brauchte, um gedankenlose Schädigung von Leben als mit Ethik unvereinbar einzusehen.

Bibliografische Information der Deutschen Nationalbibliothek
Die Deutsche Nationalbibliothek verzeichnet diese Publikation in der Deutschen Nationalbibliografie; detaillierte bibliografische Daten sind im Internet über http://dnb.d-nb.de abrufbar.

FSC
Mix
Produktgruppe aus vorbildlich bewirtschafteten Wäldern, kontrollierten Herkünften und Recyclingholz oder -fasern
Zert.-Nr. SGS-COC-004278
www.fsc.org
© 1996 Forest Stewardship Council

Verlagsgruppe Random House
FSC-DEU-0100
Das für dieses Buch verwendete FSC-zertifizierte Papier *Munken Pure* liefert Arctic Paper Munkedals AB, Schweden.

Quellennachweis:

S. 10 LD, S. 56f; S. 11 PR, S. 1187; S. 13 KJ, S. 55; S. 13 KJ, S. 55; S. 14 LD, S. 179; S. 14 KE, S. 341; S. 16 PR, S. 1090; S. 17 LD, S. 71; S. 19 StP, S. 138; S. 19 StP, S. 148; S. 20 PR, S. 370; S. 21 PR, S. 769; S. 22 KE, S. 28; S. 23 PR, S. 872f; S. 24 LD, S. 173; S. 25 Br, S. 207; S. 26 KE, S. 361; S. 26 StP, S. 24; S. 28 KE, S. 350; S. 29 KJ , S. 59; S. 30 KE, S. 324; S. 31 StP, S. 90; S. 32 KJ , S. 47; S. 33 PR, S. 1187, 1190; S. 34 KE, S. 23; S. 34 VW, S. 73f; S. 36 KE, S. 329; S. 37 Wswt , S. 78; S. 38 PdE, S. 86f; S. 39 KE, S. 331; S. 41 StP, S. 133; S. 41 KE, S. 332; S. 42 Br, S. 207; S. 43 KE, S. 332

Br	Albert Schweitzer. Leben, Werk und Denken 1905-1965, mitgeteilt in seinen Briefen, hg. v. H.W. Bähr, Heidelberg 1987.
LD	Aus meinem Leben und Denken, Frankfurt/Main 1983, © 1931 Felix Meiner Verlag, Hamburg.
KJ	Aus meiner Kindheit und Jugendzeit, Bern 1979.
KE	Kultur und Ethik. Kulturphilosophie II, in: Albert Schweitzer, Kultur und Ethik. Sonderausgabe, München 1981.
PdE	Das Problem der Ethik in der Höherentwicklung des menschlichen Denkens, in: Albert Schweitzer, Das Christentum und die Weltreligionen. Zwei Aufsätze zur Religionsphilosophie,. München 2. Aufl. 1984.
PR	Predigten 1898-1948, hg. v. R. Brüllmann/E. Gräßer, München 2001.
StP	Straßburger Predigten, hg. v. U. Neuenschwander, München 1966.
VW	Verfall und Wiederaufbau der Kultur. Kulturphilosophie I, in: Albert Schweitzer, Kultur und Ethik. Sonderausgabe, München 1981.
Wswt	Was sollen wir tun? 12 Predigten über ethische Probleme, Heidelberg 2. Aufl. 1986.

1. Auflage

Druck und Einband: Těšínská tiskárna, a.s., Český Těšín
Fotos: © Herausgeber/fotolia
Printed in Czech Republic
ISBN 978-3-579-07014-8
www.gtvh.de